Jo-Jo

Sprachbuch 2

Arbeitsheft
Grundschrift

Erarbeitet von

Frido Brunold
Sandra Meeh
Henriette Naumann-Harms
Rita Stanzel

Fachliche Beratung
zur Silbenstrategie,
zum Verlängern, zum Ableiten
und zu Merkwörtern

Günter J. Renk

Cornelsen

Jo-Jo

Sprachbuch 2

Arbeitsheft
in Grundschrift

Erarbeitet von	Frido Brunold, Sandra Meeh, Henriette Naumann-Harms, Rita Stanzel
Redaktion	Elisabeth Wagner, Cornelia Ostberg
Illustrationen	Ulf K.
Umschlagillustration	Sylvia Graupner
Gesamtgestaltung und technische Umsetzung	Heike Börner

www.cornelsen.de

Die Webseiten Dritter, deren Internetadressen in diesem Lehrwerk angegeben sind, wurden vor Drucklegung sorgfältig geprüft. Der Verlag übernimmt keine Gewähr für die Aktualität und den Inhalt dieser Seiten oder solcher, die mit ihnen verlinkt sind.

Alle Drucke dieser Auflage sind inhaltlich unverändert und können im Unterricht nebeneinander verwendet werden.

Druck: Firmengruppe APPL, aprinta Druck, Wemding

1. Auflage, 5. Druck 2017
Arbeitsheft 2
978-3-06-083440-2

1. Auflage, 3. Druck 2017
Arbeitsheft 2 mit CD-ROM
978-3-06-083441-9

Inhalt

Nachschlagen

1 Verbinde zuerst die Buchstaben des ABC in der richtigen Reihenfolge. Wenn du es richtig gemacht hast, entsteht ein Tier. Male es an.

2 Schreibe das ABC zuerst mit großen und dann mit kleinen Buchstaben auf.

A B C

a b c

3 Trage die fehlenden Buchstaben ein.

4 Wirf die Buchstabenbälle in die richtige Kiste.

5 Wo stehen die Wörter im Wörterbuch? Ordne zu.

Drache • Gans • Wal • Vogel • Elefant • Tiger • Fisch • Schlange

vorne Drache,

hinten

6 Finde die Tiere, die mit dem Folgebuchstaben beginnen.

MAUS • SAU • GIRAFFE • LAMA • FROSCH • BÄR

WAL – Maus

TIGER –

LAMA –

MAULWURF –

TAUBE –

FINK –

Silben schwingen

1 Schwinge die Wörter. Zeichne unter jedes Wort
einen Silbenbogen ‿ oder zwei Silbenbögen ‿‿.

| Löffel | Messer | Teller | Glas |

| Blech | Dose | Förmchen | Kelle |

2 Schreibe die Wörter unter die Bilder. Zeichne Silbenbögen.

Form

Richtig schreiben

3 Schwinge die Wörter.
Zeichne Silbenbögen unter die Bilder.

 4 Trenne die Wörter in der Wörterschlange.

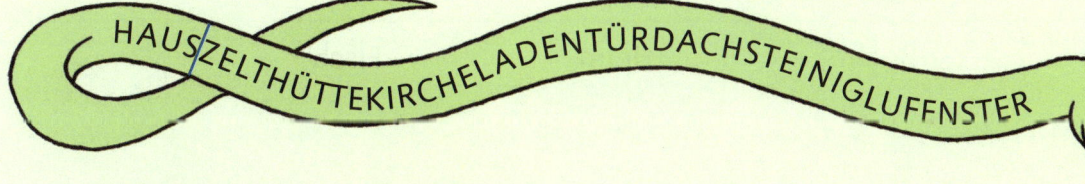

5 Schwinge die Wörter aus der Wörterschlange.
Ordne sie in die Tabelle.

Silbenkönige: Selbstlaute

1 Male die Silbenkönige in der passenden Farbe an.

| Ast | Zug | Topf | Dorf | Rost |

a o u

| Dach | Nacht | Hund | Schal | Buch |

2 Zeichne Silbenbögen unter die Wörter.
Male die Silbenkönige farbig an.

Bach   Helm   Fisch

Bank   Heft   Tisch   Tor

Brot   Buch   Tuch

Richtig schreiben

3 Schreibe in jede Silbe den passenden Silbenkönig.

R e g ‿ n   S ‿ nn   T ‿ b   W ‿ nn   P ‿ pp

4 Zeichne unter jedes Wort Silbenbögen.
Male die Silbenkönige in der passenden Farbe an.

Nägel	Kirche	Drachen	Pinsel	Samen

a e ‿‿   i e ‿‿

Ritter	Name	Dame	Piste	Laster

5 Setze die fehlenden Selbstlaute ein.

El e fant   Nilpf rde   Ping in   Schmett rlinge

Gir ffe   Kr kodil   Leop rden   Regenw rm

6 Schreibe die Wörter mit beiden Selbstlauten auf.

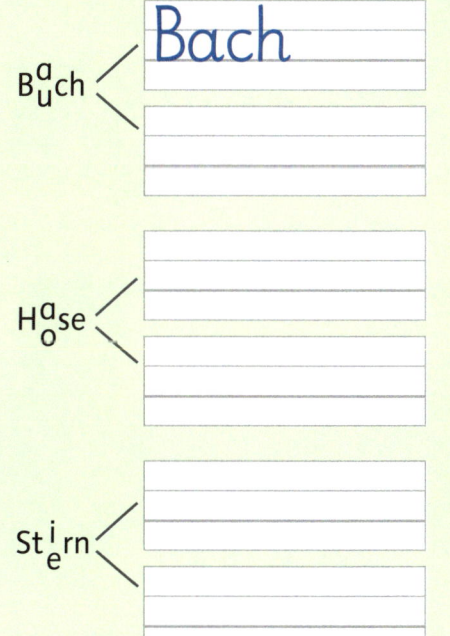

B $\overset{a}{u}$ ch   Bach

H $\overset{a}{o}$ se

St $\overset{i}{e}$ rn

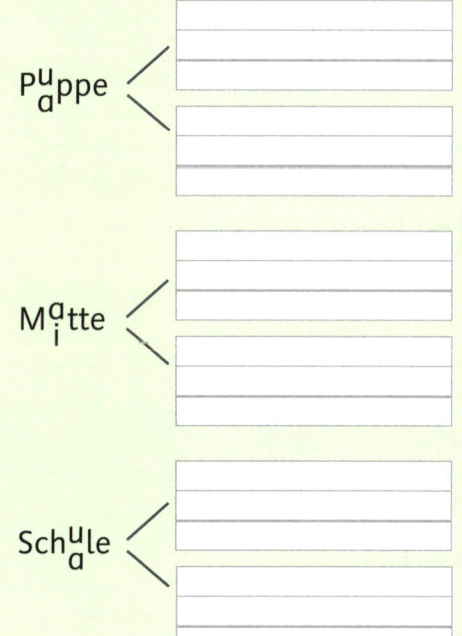

P $\overset{u}{a}$ ppe

M $\overset{a}{i}$ tte

Sch $\overset{u}{a}$ le

Silbenkönige: Zwielaute

1 Male im Text die Zwielaute farbig: au, ei, eu.

Die Maus Meike macht heute
eine kleine Reise zu einer Baustelle.
Auch ihre Freunde Zeus und Paul sind dabei.
Sie fahren mit dem blauen Lastauto mit.
Sofort schleichen die drei sich an die Baugrube heran.
Sie staunen, wie groß hier alles ist.
Da stolpert Zeus über eine Schraube und ruft laut:
„Aua, das wird eine Beule."
Die Bauarbeiter schauen sich um und entdecken die Freunde.
Die Mäuse rennen fort und verstecken sich hinter einem Bauzaun.
Was für eine Aufregung!

2 Ordne die Wörter mit Zwielauten:

au: Maus,

ei: Meike,

eu: heute,

3 Schreibe jedes Wort mit dem richtigen Anfangsbuchstaben.
Male die Zwielaute an und setze Silbenbögen.

L
G aus   T
              B eute   D
                             R eiter   H
                                             S eife

Laus

B
W aum   H
              Schl eife   B
                               R eule   R
                                              S eis

4 Schreibe die Wörter. Male **ei**, **au** oder **eu** an.

Taube

5 Wo hörst du Zwielaute? Schreibe die Wörter. Male die Zwielaute an.

Zauberer,

Wörter mit ie

1 Schwinge die Wörter. Zeichne Silbenbögen.

tief	Liebe	Knie	Bienen	Tier

hier	viele	Wiese	Friede

Spiel	wiegen	Liege	sie	wie

2 Ordne die Wörter aus Aufgabe 1 in eine Tabelle. Male **ie** an.

ie   ie e

tief   Liebe

3 Schreibe unter jedes Bild das richtige Wort. Male **ie** an.

Spiegel

4 Suche zu jedem Wortanfang das passende Ende.
Male **ie** an.

Br   W   R   Fr   W   T   **ie**   se   ge   f   r   den

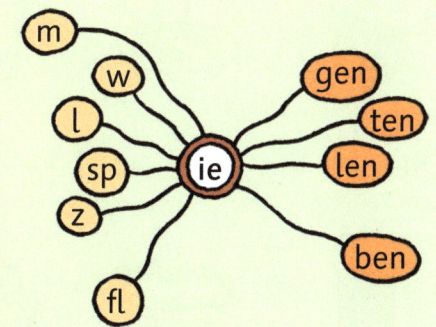

m   w   l   sp   z   fl   **ie**   gen   ten   len   ben

Br**ie**f,

5 Kurz oder lang? Setze **i** oder **ie** richtig ein.

Sp **i** nnen krabbeln über die W **ie** se.

K ___ nder wollen beim Sp ___ l gew ___ nnen.

F ___ sche l ___ ben d ___ cke Würmer.

Prinzessinnen l ___ gen auf weichen K ___ ssen.

Die l ___ be Oma braucht eine Br ___ lle.

6 Wähle zwei Sätze aus und schreibe sie auf.

Wörter mit doppelten Mitlauten

1 Trage die richtigen Mitlaute ein.

Qua **ll** e   Te ☐ er   Ke ☐ e   Ze ☐ el   So ☐ e   Wa ☐ e

To ☐ e   Wa ☐ e   Bä ☐ e   Ra ☐ e   Ka ☐ e   We ☐ e

2 Ordne die Wörter in die Tabelle.
Male die doppelten Mitlaute an.

ll	nn	tt
Qualle		

3 Finde die passenden Silben. Male sie in der gleichen Farbe an.
Schreibe die Reimwörter untereinander auf.

Mut   Tas   But   Fal   Map   Kas   Kral   Kap

se   le   ter   pe

Mutter			
Butter			

4 Würfle und trage die Würfelpunkte ein. Schreibe die Wörter.

dünne	Beine
helle	Sterne
sonnige	Tage
stumme	Fische
schnelle	Autos
fette	Schweine

sonnige Beine

5 Schreibe die passenden Verben über die Silbenboote.

kommen • knallen • wetten • küssen • summen
tippen • trommeln • stellen • sammeln

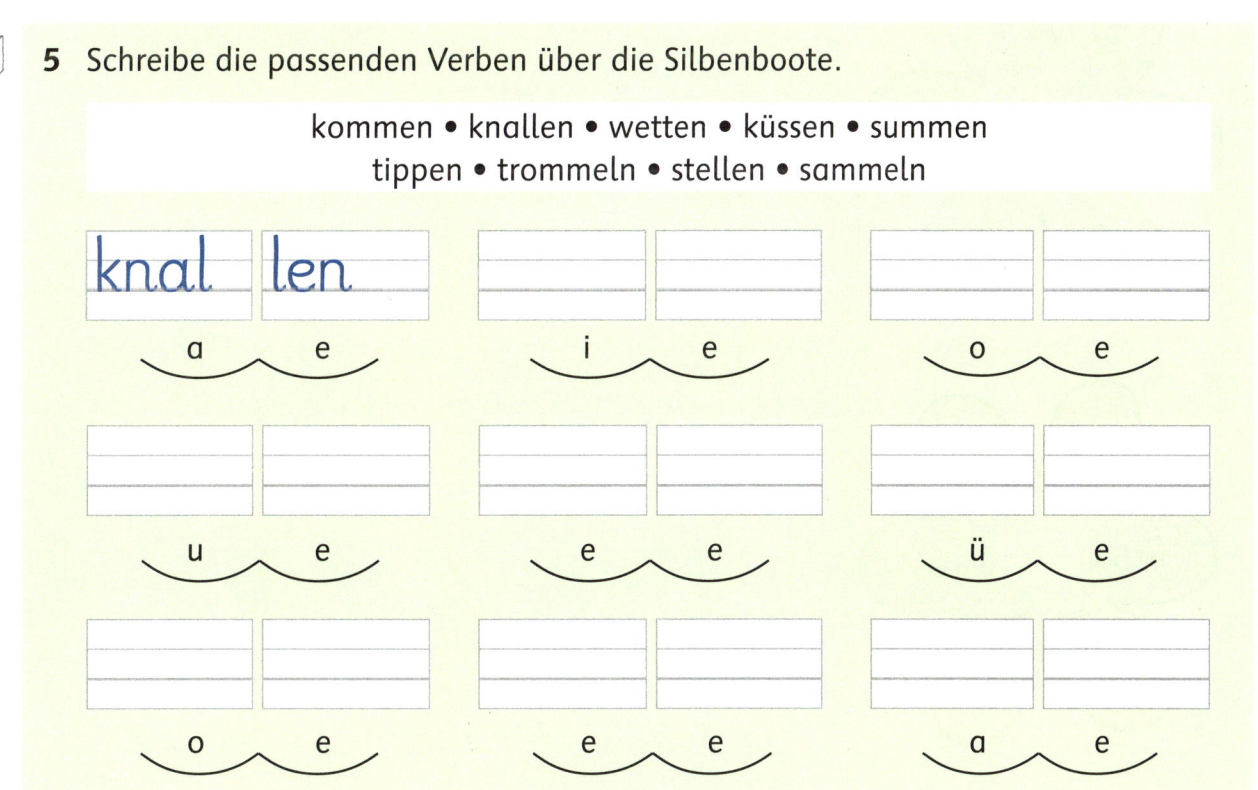

knal | len
a ⌣ e

i ⌣ e

o ⌣ e

u ⌣ e

e ⌣ e

ü ⌣ e

o ⌣ e

e ⌣ e

a ⌣ e

Wörter mit Sp/sp und St/st

1 Setze die richtigen Anfangsbuchstaben in die Blumen.
Schreibe die Wörter auf.

Blume 1 (orange, Mitte: **St**): urm, imme, irn, ange, ern, unde, apun

Sturm

Blume 2 (blau, Mitte leer): inne, uk, rache, aten, atzen, iegel

Blume 3 (grün, Mitte leer): ringen, aren, rechen, annen, ielen, ucken

Blume 4 (rot, Mitte leer): aunen, ehen, ricken, ecken, eigen, allen

2 Sp oder St? Ergänze die passenden Anlaute.
Schwinge die Wörter und zeichne Silbenbögen.

Sp inne ▢ ritze ▢ iel ▢ ein ▢ ange

▢ ift ▢ ern ▢ ort ▢ itze ▢ atz

3 Schreibe drei Sätze. Verwende in jedem Satz Wörter mit **Sp** oder **St**.

4 Finde passende Reimwörter mit **sp** oder **st**.

holpern

stolpern

dampfen

zucken

sitzen

zeigen

sehen

5 Entziffere die Wörter. Schreibe sie richtig auf.

Spiegel

Spiegel

sparsam

Stelzen

stumpf

sprechen

Stimme

Wörter mit b, d, g verlängern

1 Zähle und schreibe auf, wie viele du siehst.

Berg – **3 Berge**

Zwerg –

Pferd –

Kind –

Kleid –

Hund –

Korb –

Dieb –

2 Schreibe zu jedem Wort die Verlängerung.

ein Feld – viele **Felder**

ein Rad – viele

ein Land – viele

ein Tag – viele

ein Lied – viele

ein Sieb – viele

ein Stab – viele

ein Band – viele

3 Schreibe die Verlängerung. Streiche den falschen Buchstaben durch.

Kal $\frac{b}{p}$ / **Kälber**

Schwer $\frac{d}{t}$

Ban $\frac{k}{g}$

Ta $\frac{k}{g}$

We $\frac{k}{g}$

Stran $\frac{d}{t}$

4 Finde zu jedem Adjektiv ein passendes Nomen.

blind • rund • gelb • lieb • spannend • mutig

der blinde Mann,

5 Schreibe die Lösungswörter ins Rätselgitter.

Es hat vier Beine und kann bellen.

Du kannst auf ihm reiten.

Er steht nachts am Himmel.

Ein sehr kleines Männlein ist ein …

Meine Zähne putze ich mir im …

Seine Mama ist eine Kuh.

Eine Sandburg baue ich am …

H u n d

Wörter mit ä und äu

1 Trenne die Wörterschlange durch Striche. Du findest acht Wörter.

BANK|BARTNAGELMANTELKASTENDACHSCHRANKGLAS

2 Schreibe die Wörter aus der Wörterschlange auf. Male **a** an.
Suche zu jedem Wort ein verwandtes Wort.

Bank –

3 Male **au** an. Schreibe die Verlängerung.

Zaun – Zäune

Baum –

Maus –

Laus –

Bauch –

Faust –

Traum –

Raum –

4 Schreibe die Verkleinerungsformen.

Taube – Täubchen

Hase –

Kalb –

Maus –

Affe –

Katze –

5 Unterstreiche im Text, was im Zwergenland klein ist.

Im Zwergenland wohnt Zwerg Kasimir
in einem kleinen Häuschen.
Dahinter ist ein Gärtchen mit einem Zäunchen.
Drei Bäumchen tragen im Herbst rote Äpfelchen.
Kasimirs beste Freunde sind ein schwarzes Häschen,
ein weißes Gänschen und ein graues Kätzchen.

6 Finde verwandte Wörter. Male **a** – **ä** und **au** – **äu** an.

Häuschen – Haus

Gärtchen – _____

Zäunchen – _____

Bäumchen – _____

Äpfelchen – _____

Häschen – _____

Gänschen – _____

Kätzchen – _____

7 Versuche abzuleiten. Setze **ä/äu** oder **eu** ein.
Ableitungswörter kannst du im Kasten kontrollieren.

Im Gebäude befanden sich n___n R___ber.

Sie r___mten drei K___sten und alle n___en

Schr___nke aus. Da im Kamin ein F___er brannte,

w___rmten sie sich daran. Plötzlich hörten sie ein Ger___sch.

Der st___rkste R___ber ballte die F___ste und erkl___rte:

Ich bin der St___rkste und kann gut k___mpfen, ich sehe nach.

Er verschwand in die anderen R___me und sch___mte

vor Wut, als er dort nur ein M___schen entdeckte.

Derweil waren die anderen R___ber blitzschnell

mit der B___te nach Hause gegangen.

stark
Kasten
Kampf
Schrank
rauben
Faust
bauen
rauschen
warm
klar
Maus
Raum
Schaum

Merkwörter mit V und v

1 Finde sechs Wörter. In allen ist ein V oder v.
Kreise jedes Wort ein. Schreibe es in die Zeilen.

Ü	P	U	L	L	O	V	E	R	C
A	S	U	G	U	H	J	K	L	G
V	O	L	L	M	O	N	D	M	K
P	Ü	L	I	U	Z	T	R	E	W
D	V	O	R	M	I	T	T	A	G
F	L	V	S	D	F	G	H	N	B
C	V	E	R	K	E	H	R	S	Ä
B	F	U	X	O	B	N	M	Y	X
R	D	F	F	X	K	U	R	V	E
A	B	X	M	Y	A	S	E	R	T
V	I	E	L	E	K	W	F	V	D

Pullover

_____

_____

_____

_____

_____

_____

2 Schreibe zu jedem Bild ein Wort.
Alle Wörter beginnen mit V. Markiere V.

   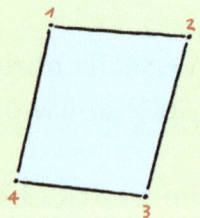

Ventil

Richtig schreiben

3 Setze die Verben richtig in die Sätze ein.

verraten • vorlesen • verlaufen • vorsagen • verstehen • verpacken

Ich möchte Papa eine Geschichte vorlesen .

Ich _____ dir ein Geheimnis.

Morgen _____ ich ein Geschenk.

Ich _____ dich nicht.

Bei einem Test darf ich dir nicht _____.

Im Einkaufszentrum kann ich mich leicht _____.

4 Ordne die Zahlwörter.
Schreibe sie in der richtigen Reihenfolge auf.

vierzehn • vierzig • viertausend • vierundvierzig • vier • vierhundert

vier, _____

_____

5 Setze die Silben zu langen Wörtern zusammen. Schreibe sie auf.

Va   ding   Vo   Kin   lo   Kla

le   nil   scheu   che   pul   tas   tur   ta

  pud   gel   der   vier

Vanillepudding, _____

_____

1 Schreibe die passenden Lösungen in das Rätselgitter.

Huhn • Fühler • Zähne • Zahl • Mehl • Hahn • Ohren • Lehrerin

Die Schnecke hat zwei …

Man hat zwei davon und hört damit.

Es legt Eier.

Man braucht es zum Kuchenbacken.

Sie unterrichtet euch.

10 ist eine …

Er kräht am Morgen.

Ich muss sie jeden Tag putzen.

F	ü	h	l	e	r

2 Schreibe die Wörter mit ihrem Artikel auf. Male **h** an.

die Fühler,

3 Bilde Nomen mit **Fahr**. Schreibe jedes Nomen mit dem Artikel.
Male in jedem Wort **h** an.

Fahr
- er
- stuhl
- rad
- zeug
- karte
- t

der Fahrer,

4 Bilde mit jeder Vorsilbe ein Wort. Male **h** an.
Schreibe die Nomen mit Artikel.

Aus
er
über
Ge
Rück   fahr   en
              fähr   t
ab   lich
ge
Ein

die Ausfahrt,

5 Bilde Sätze. Verwende in jedem Satz Wörter aus einem Kasten.

Zahnarzt
bohren
Zahn

Frühling
blühen
Löwenzahn

Fahrrad
fahren
Führerschein

Nomen kennen lernen

1 Kreuze alle Nomen an, die du auf dem Bild siehst.

☒ Spitzer	☐ Magnete
☐ Brot	☐ Trinkflasche
☐ Apfel	☐ Heft
☐ Schere	☐ Brotdose
☐ Brille	☐ Stundenplan
☐ Glas	☐ Radiergummi
☐ Bleistift	☐ Banane
☐ Kreide	☐ Tafel
☐ Schultasche	☐ Messer

2 Schreibe die angekreuzten Nomen auf.
Male alle großen Anfangsbuchstaben an.

Spitzer,

3 Trenne die Nomen und schreibe sie auf.
Male alle großen Anfangsbuchstaben an.

SCHULEFERIENKLASSELEHRERINMÄDCHENJUNGEPAUSESPORT

Schule,

4 Ordne die Nomen in die passenden Spalten.

Tante   Mutter   Hase   Käfig   Katze   Stall   Baum

Blume   Vater   Kaktus   Pferd   Gras   Freund   Junge   Moos

Maus   Kiste   Zaun   Ente   Opa   Busch   Stein   Vogel   Korb

Menschen	Tiere	Pflanzen	Dinge
Tante			

5 In jeder Zeile sind drei Nomen versteckt.
Unterstreiche die Nomen.

<u>TEE</u>   MERKEN   SCHLECHT   KEKS   TORTE

MILCH   BUTTER   HOLEN   SALAT   NEU

BREIT   TÜR   FENSTER   GEBEN   WAND

AUTO   FAHREN   AMPEL   LEUCHTEN   SCHILD

6 Schreibe die Nomen von Aufgabe 5 richtig auf.

Tee,

Artikel

1 Male alle Dinge blau aus, zu denen der Artikel **eine** passt.

 Korb    Birne    Drache    Kugel    Igel    Buch

 Fahrrad    Tasse   Traube    Apfel    Haus    Auto

2 Ordne alle Nomen von Aufgabe 1 nach dem passenden Artikel:

der	die	das
Korb		

3 In jeder Zeile hat ein Nomen einen anderen Artikel als die anderen.
Streiche das Kuckucksei durch.

Blatt	Jahr	~~Regen~~	Gras
Erde	Kerze	Suppe	Keller
Teller	Wurst	Herbst	Tisch

4 Schreibe jede Zeile ohne das Kuckucksei.
Setze vor jedes Nomen den Artikel.

das Blatt,

5 In jedem Satz steht ein Artikel vor einem Nomen.
Unterstreiche den Artikel und das Nomen.

Um fünf Uhr beginnt das Kostümfest.

Anton ist der Vampir.

Die Zähne sind wirklich gruselig.

Die Hexe könnte Frau Meier sein.

Lissi, die Katze, wundert sich.

Was macht der Pirat dort draußen?

Der Sack ist für Süßigkeiten.

Später wird die Beute geteilt.

6 Schreibe vor jedes Nomen den unbestimmten Artikel **ein** oder **eine**.

ein	Teller		Gabel		Löffel
	Messer		Tischdecke		Glas
	Tasse		Becher		Brotdose

7 Was passt zu den Artikeln? Male es in die Rahmen.
Schreibe das Nomen darunter.

der/ein	die/eine	das/ein

Sprache untersuchen   29

Einzahl und Mehrzahl

1 In dem Gitterrätsel sind zehn Tiernamen versteckt. Kreise sie ein.

A	R	O	B	B	E	K	S	V	B
V	C	F	G	U	L	Ö	W	E	M
A	G	I	R	A	F	F	E	J	W
Y	I	T	I	G	E	R	D	A	N
E	S	J	S	N	Z	E	B	R	A
L	B	Ä	R	Z	V	O	G	E	L
B	Y	X	N	A	S	H	O	R	N
E	L	E	F	A	N	T	S	E	O
A	L	F	N	A	F	F	E	Ä	R

2 Schreibe die Tiernamen von Aufgabe 1 in die Tabelle.
Finde die Mehrzahlwörter.

Einzahl	Mehrzahl
die Robbe	die Robben

3 Setze die passenden Mehrzahlwörter ein:

Bücher • Sterne • Hefte • Schwestern • Äpfel • Vögel • Flugzeuge • Bananen

Am Nachthimmel sehe ich den Mond und die Sterne .

Im Ranzen habe ich _____ und _____ .

Auf dem Rollfeld stehen große _____ .

Im Vogelnest sitzen mehrere junge _____ .

Zu Hause habe ich einen Bruder und zwei _____ .

In meinen Obstsalat schneide ich _____ und _____ .

4 Schreibe die Mehrzahlwörter von Aufgabe 3 in der Einzahl auf.

der Stern,

5 Rechne und ergänze die Sätze.

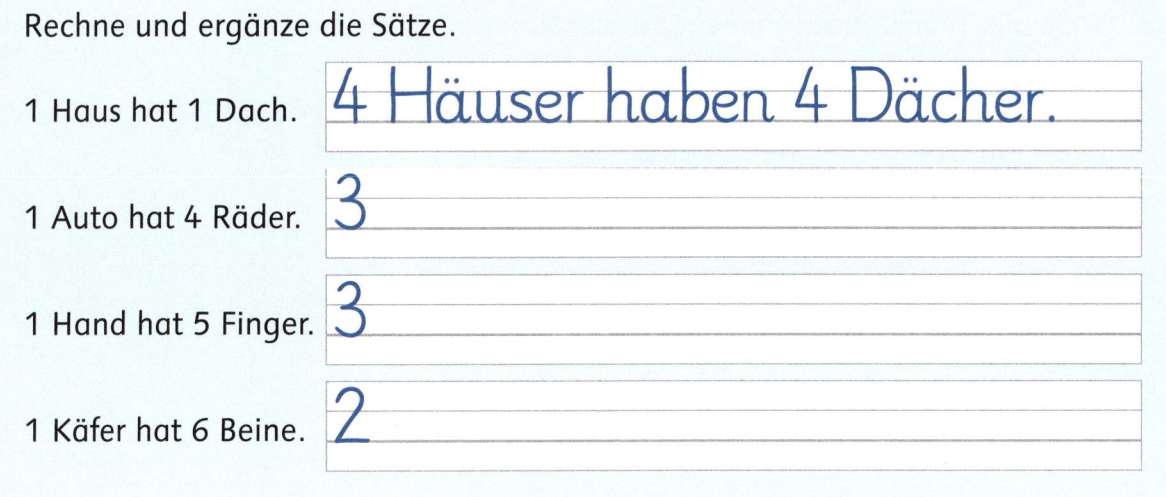

1 Haus hat 1 Dach.   4 Häuser haben 4 Dächer.

1 Auto hat 4 Räder.   3

1 Hand hat 5 Finger.   3

1 Käfer hat 6 Beine.   2

Zusammengesetzte Nomen

1 Bilde aus den Puzzleteilen zusammengesetzte Nomen.
Schreibe sie mit dem Artikel auf.

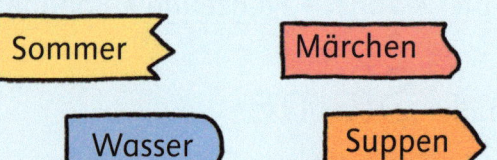

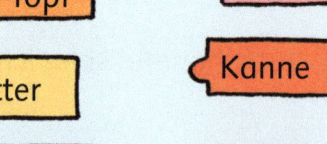

das Sommerwetter,

2 Trenne die zusammengesetzten Nomen durch einen Strich.
Schreibe dann beide Nomen mit Artikeln auf:

Sofa|kissen   das Sofa, das Kissen

Fußball

Vogelfutter

Tierpark

3 Finde vier sinnvolle zusammengesetzte Nomen.

	Hand		Heim
Berg	Spitze	Tier	Futter
	Hütte		Papier

die Bergspitze

Achtung, zwei Nomen passen nicht!

4 Schreibe zu jedem Bild ein zusammengesetztes Nomen.

das Vogelnest

5 Bilde zusammengesetzte Nomen. Manche Nomen musst du verändern.

Gurke • Blume • Ostern • Hund • Geburt • Wolle
Tag • Ferien • Pullover • Glas • Vase • Futter

das Gurkenglas,

6 Erkläre die zusammengesetzten Nomen.

Hamsterkäfig • Kuchenform • Futternapf

Ein Hamsterkäfig ist ein Käfig für

Verben

1 Finde acht Verben. Kreise sie ein.
Schreibe sie in die Zeilen.

G	H	W	S	C	H	L	A	F	E	N
A	S	I	C	B	S	W	L	U	P	A
L	G	Ä	H	N	E	N	B	M	R	F
E	L	B	R	Z	I	W	R	N	D	Ö
V	S	Z	S	C	H	R	E	I	E	N
N	R	Z	I	I	R	J	L	S	K	U
F	L	I	E	G	E	N	R	G	O	F
B	S	E	R	U	F	E	N	Y	Ö	E
V	S	K	O	U	S	U	C	H	E	N
D	F	R	E	S	S	E	N	E	S	W
G	R	A	B	E	N	Ö	A	N	N	C

schlafen

2 Setze die Verben in die Sätze ein.

springen • klettern • baden • tanzen • fangen • knabbern

Das Pferd **springt** über ein Hindernis.

Die Katze _____ eine Maus.

Der Hund _____ auf zwei Beinen.

Das Eichhörnchen _____ am Baumstamm hoch.

Der Hase _____ eine Mohrrübe.

Die Vögel _____ in der Pfütze.

3 Schreibe die passenden Verbformen auf:

fragen • fliegen • malen

ich	lerne	frage		
du	lernst			
er sie es	lernt			
wir	lernen			
ihr	lernt			
sie (alle)	lernen			

4 Unterstreiche in jedem Satz das Verb.

Ein Polizeihund <u>verfolgt</u> Spuren.

Ein Blindenhund führt einen blinden Menschen.

Ein Zirkushund zeigt viele Kunststücke.

Ein Schlittenhund zieht Schlitten mit Menschen und Sachen.

Ein Wachhund bewacht das Haus.

Ein Lawinenhund sucht Menschen im Schnee.

5 Schreibe die Verben aus Aufgabe 4 so auf:

verfolgt – verfolgen,

Adjektive kennen lernen

1 Schreibe zu den Bildern passende Adjektive.

schnell • bunt • saftig • heiß • fettig • hoch
teuer • lecker • reif • flüssig • salzig • spitz

flüssig

2 Finde die Gegensätze und schreibe sie in die passenden Zeilen.

heiß • hoch • viel • schnell • salzig   langsam • kalt • wenig • niedrig • süß

heiß

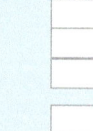

3 Setze die fehlenden Adjektive ein:

neu • langsam • stark • dünn • groß

Heute weht ein **starker** Wind.

Tim ist mit seinem _____ Fahrrad unterwegs.

Er kommt nur _____ voran.

Leider hat er nur eine _____ Jacke an.

Der Wind bläst sie zu einer _____ Beule auf.

4 Was fehlt in dem Bild? Zeichne es ein.
Unterstreiche in den Sätzen die Adjektive.

Bunte Blumen blühen
hinter dem Zaun.

Auf der grünen Wiese
stehen braune Schafe.

Dem blauen Himmel
fehlen dunkle Wolken.

Male dem
dicken Mann
einen schwarzen Hut.

Zeichne in das Haus
ein kleines Fenster.

Wortstamm und Wortfamilie

1 Unterstreiche alle Wörter der Wortfamilie **laufen**.

Die Bauers sind mit dem Auto
zum Wald gefahren. Auf dem Parkplatz
ziehen sie ihre Laufschuhe an.
Mama verteilt Trinkflaschen und
sagt zu Timo: „Achtung, sie darf
nicht auslaufen." Bello springt aus
dem Kofferraum. Er muss an die Leine,
damit er nicht weglaufen kann.
Endlich geht es los. „Bleibt auf dem Weg,
damit ihr euch nicht verlauft!", ruft Papa.
Er läuft mit Max voraus. Die beiden
sind gute Läufer.

2 Bilde Wörter mit dem Wortstamm **steck**.

an	aus	ver	ein		Steck
	stecken			er	dose	nadel	brief

anstecken,

3 Kennzeichne jede Wortfamilie mit der gleichen Farbe.

Vorspiel	Kaufhaus	mitspielen	Spielregel	Spieler	einkaufen

Würfelspiel	käuflich	Einkaufstasche	überspielen	Verkauf

4 Streiche in jeder Zeile das Wort durch, das nicht in die Wortfamilie passt.

Fangarm   Fänger   Gefängnis   festhalten   einfangen

backen   Bäcker   Gebäck   Torte   Backblech   Backofen

Maler   malen   Pinsel   Gemälde   Bemalung   Malkasten

5 Setze passende Wörter der Wortfamilie **rufen** ein.

anrufen • Anruf • Beruf • Anrufbeantworter • zurückrufen

Am liebsten rufe ich Leute an . Opa wartet sonntags

auf meinen _____ . Wenn er nicht zu Hause ist, spreche ich

auf seinen _____ und er _____

_____ . Während der Woche kann ich meinen Opa nicht

_____ , denn er hat einen _____ , bei dem er sehr früh

aufstehen muss. Da wünscht er abends keinen _____ .

6 Finde Wörter mit den Wortstämmen **bau** und **bad**.
Unterstreiche die Wortstämme.

bau

bad

Wörterspiele

1 Lies laut. Unterstreiche in jedem Satz die Reimwörter.

Ein <u>Fisch</u>, so <u>frisch</u>, liegt unterm <u>Tisch</u>.

Mit ihren Nasen machen Hasen Seifenblasen.

In der Ecke kriecht die Schnecke auf die Decke.

In der Wiege liegt die Ziege mit der Fliege.

Im Sturm sitzt ein Wurm auf dem Turm.

Heute trägt sogar der Wal einen Schal aus dem Regal.

2 Entziffere die geheime Botschaft.

A	B	C	D	E	F	G	H	I	J	K	L	M
1	2	3	4	5	6	7	8	9	10	11	12	13

N	O	P	Q	R	S	T	U	V	W	X	Y	Z
14	15	16	17	18	19	20	21	22	23	24	25	26

1	3	8	20	21	14	7
A	C					

7	5	8	5	9	13

23	9	18

20	18	5	6	6	5	14

21	14	19

8	5	21	20	5

21	13

4	18	5	9

1	13

2	1	21	13

2	9	20	20	5

11	15	13	13

3 Schreibe verschlüsselte Botschaften an deine Freunde.

40   Sprache untersuchen

4 Wähle aus jedem Rahmen einen Anfangsbuchstaben.
Bilde aus den Wörtern mit diesem Anfangsbuchstaben einen Satz.

kauft Hanno Hasen Kim Kuchen hat	Burgen Katzen kecke Ben kratzen bei Brit bastelt Kinder	Kreisel Mia können mag kaufen Kinder Mäuse	fängt singt Fliegen Sven Frido Frosch Seifenopern

Kim kauft Kuchen.

5 Lies die Wörter richtig und möglichst schnell vor.

Gartenkinder   Hausbaum   Buchbilder   Zeugspiel   Wehrfeuer

Zaungarten   Wurmohr   Schüsselsalat   Schirmlampen   Ballfuß

6 Schreibe die Wörter richtig auf. Benutze Artikel.

der Kindergarten,

Wörter durch Wortbausteine verändern

1 Was macht Timo gerne? Setze die passenden Wortbausteine ein.

aus • aus • aus • ein • ein • auf • aus • ab • zu • zu • mit • ver • an

ein Geschenk **auspacken** , Freunde **laden** ,

lange **bleiben** , sich einen Wunsch **denken** ,

den Puddinglöffel **lecken** , beim Fußball **schauen** ,

alleine **kaufen** , Preisausschreiben **füllen** ,

bei Großen **spielen** , in den Ferien **reisen** ,

seinen Opa **rufen** , Bilder **malen** ,

wenn Erwachsene erzählen, **hören**

2 Schreibe auf, was du gerne machst.
Wähle aus Aufgabe 1 oder finde eigene Beispiele.

Ich packe gerne ein Geschenk aus.

3 Unterstreiche die Verben mit Wortbausteinen.
Zeichne zwischen Wortbaustein und Verb die Wortgrenze ein.

Die Heinzelmännchen sollen die Wohnung auf|räumen,

den Tisch abdecken, die Tischdecke ausschütteln,

das Geschirr abwaschen, den Müll wegbringen,

die Wäsche aufhängen, den Garten umgraben

und Blumen einpflanzen.

Wenn wir überlegen, wird uns bestimmt

noch mehr Arbeit für sie einfallen.

4 Trage alle Wortbausteine und Verben getrennt ein.

Wortbausteine	Verben
auf, ab,	räumen, decken,

5 Schreibe Verben, die zu den Wortbausteinen passen.

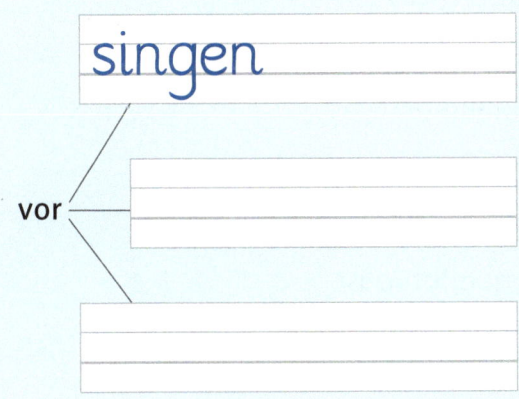

singen

vor

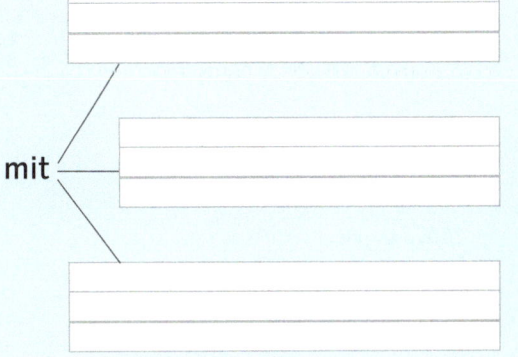

mit

Aussagesätze und Fragesätze

1 Verbinde die passenden Satzteile.

Die Clowns	zeigt	Einrad.
Kleine Ziegen	spielen	seinen Zylinder.
Akrobaten	springen	durch Reifen.
Der Zauberer	hüpft	Harmonika.
Ein Hase	klatschen	begeistert.
Alle Kinder	fahren	heraus.

2 Wähle vier Sätze und schreibe sie auf.

Die Clowns spielen Harmonika.

3 Verbinde passende Fragen und Antworten.
Ergänze die Satzzeichen.

Wie heißt ein altes Zauberwort **?**	Ein großer Zauberer heißt Merlin
Womit zaubern viele Zauberer	Jeder kann Zaubertricks lernen
Kennst du den Namen eines Zauberers	Sie nehmen einen Zauberstab
Wer kann Zaubertricks lernen	Abrakadabra ist ein altes Zauberwort **.**

4 Wandle die Aussagesätze in Fragesätze um.

Leyna erzählt schöne Geschichten.	Erzählt Leyna schöne Geschichten?
Jan und Samira arbeiten gut zusammen.	
Die ganze Klasse geht in die Bücherei.	
Alle Kinder machen gerne Hausaufgaben.	

5 Ein neuer Schüler ist in die Klasse gekommen.
Suche passende Fragen zu seinen Antworten.

Wie

Alexander, aber alle sagen Lexi zu mir.

Ja, eine Schwester, sie ist in der 4a.

Ich bin 7 Jahre alt.

Ja, am liebsten im Tor.

Satzarten und Satzschlusszeichen

1 Robo macht alles falsch. Gib ihm neue Befehle.

Robo soll

die Blumen in die Vase stellen

den Tee in die Tasse gießen

die Eierschalen in den Müll werfen

das Geschirr ins Regal stellen

das Küchenfenster putzen

den Fußboden kehren

Stelle die Blumen

Gieße

Wirf

2 Sprich Satz für Satz. Trage die fehlenden Satzschlusszeichen ein.
Es sind acht Punkte, zwei Fragezeichen, zwei Ausrufezeichen.

Mama wartet an der Tür .   Anne ist ganz aufgeregt

Sie sucht ihr neues Buch   Wo steckt es nur

Gestern hat sie noch darin gelesen

Sie will es gern zu ihrer Cousine mitnehmen

Wer könnte es weggeräumt haben

Zu blöd, dass sie es nicht früher gesucht hat

Nun kann sie es erst beim nächsten Mal zeigen

„Komm endlich, wir verpassen den Zug   "

Mama klingt jetzt richtig ungeduldig   Anne rennt los

3 Schreibe zu jedem Bild einen Aussagesatz,
einen Fragesatz und einen Aufforderungssatz.

Kleine Texte schreiben

1 Kreuze das richtige Bild zum Text an.

> Es hat eine Tür und drei Fenster.
> Eine Familie wohnt darin.
> Das Dach ist rot.
> Davor ist ein Garten.
> Auf der Wiese stehen zwei Bäume.

2 Schreibe einen Rätseltext zu einem der anderen Bilder.

Es hat eine Tür und

3 Kreuze die Stichwörter an, die zum Trampolin passen.

X Sportgerät   ☐ ist eckig und rot lackiert

☐ damit hupen   ☐ hat ein Sprungtuch

☐ ist rund   ☐ Fahrzeug

☐ steht auf Ständern   ☐ darauf hüpfen

☐ hat ein Lenkrad   ☐ fährt auf Rädern

☐ Auspuff hinten   ☐ Netz außen herum

4 Beschreibe das Trampolin. Die angekreuzten Stichwörter helfen dir.

Das Trampolin ist ein S

5 Beschreibe den Kuchen auf dem Bild.

Farbe   schmeckt nach   ist verziert mit

Der Kuchen

Geschichten vorbereiten

1 Nummeriere die Textkästen in der richtigen Reihenfolge.

Wann?

[ ] Er war an einem stürmischen Morgen im Herbst unterwegs.

Wer?

[1] Felix war ein kleiner Junge mit einer coolen Mütze.

Wo?

[ ] Durch den Park lief er zur Schule.

Was?

[ ] Plötzlich blies der Wind seine Mütze auf einen Ast.

2 Schreibe die Geschichte ohne die Fragewörter in der richtigen Reihenfolge ab.

So ein Pech!

Felix

3 Welcher Kasten gehört zu welcher Frage?
Schreibe hinter jede Frage alle Stichwörter.

schaukeln, Eis im Sand	Anna, Mädchen, 7 Jahre alt	Spielplatz, Schaukel	Sommertag, heiß

Wer? Anna,

Wann?

Wo?

Was passiert?

4 Schreibe mit den Stichwörtern aus Aufgabe 3 eine kurze Geschichte.

Anna

Geschichten entwickeln

1 Wähle aus (x), was Max und Lena tun.
Wähle aus (x), was passiert.

Was tun Max und Lena?

☐ Fußball spielen

☐ schwimmen gehen

☐ ein Geschenk einkaufen

Was passiert?

☐ Geld vergessen

☐ Gewitter zieht auf

☐ Unfall passiert

2 Stelle dir genau vor, was Max und Lena passiert.
Male Bilder oder schreibe Stichwörter in die Rahmen.

1

2

3

4

3 Schreibe auf, was Max und Lena erleben.

(leere Schreiblinien)

4 Überarbeite deine Geschichte. Kreuze an, was du erledigt hast.

Ich habe geprüft,

☐ ob der Text eine **Überschrift** hat.

☐ ob alle **Satzanfänge** großgeschrieben sind.

☐ ob alle **Nomen** großgeschrieben sind.

☐ ob nach jedem Satz ein **Satzzeichen** steht.

☐ ob ich **unterschiedliche Satzanfänge** benutzt habe.

Bildergeschichten aufschreiben

1 Schreibe neben jedes Bild den passenden Satz.

> Er fliegt immer höher,
> genau auf die Schaukel zu.

> Lotte lässt ihren neuen Hubschrauber
> im Garten fliegen.

> Der Hubschrauber
> landet sicher und Lotte
> liegt im Planschbecken.

> Lotte rennt
> mit der Fernbedienung hinterher.

Lotte lässt

2 Ergänze die Stichpunkte zu den Bildern.

Tim, Computer,

3 Schreibe die Geschichte aus Aufgabe 2 auf.

Das spannende Computerspiel

Texte überarbeiten

1 Gleiche Satzanfänge klingen langweilig. Streiche sie durch.
Ersetze sie durch unterschiedliche Satzanfänge.

Schnell   Auf einmal   Plötzlich   Traurig

Das Mädchen spielt im Hof
mit einem neuen Ball.

Auf ~~Dann~~ rollt der Ball zum Hoftor hinaus.

Dann läuft das Mädchen hinterher.

Dann kommt ein Hund und beißt in den Ball.

Dann ruft das Mädchen: „Der schöne, neue Ball!"

2 Schreibe die Geschichte aus Aufgabe 1 mit den neuen Satzanfängen auf.
Finde einen Namen für das Mädchen.

spielt im Hof mit
einem neuen Ball. Auf einmal

3 Prüfe Satzanfänge, Nomen und Satzzeichen.
Finde die sieben Fehler und male sie an.

wenn ich spiele, stört mich manchmal der hund von nebenan

Gerne beißt er in meinen wunderschönen ball.

gestern ist der neue Ball dabei mit einem lauten knall zerplatzt

4 Schreibe den Text ohne Fehler ab.

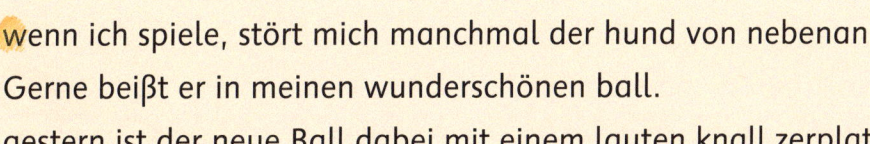

Wenn ich spiele,

5 Ersetze das Verb **essen** durch passende Verben.

| schmatzen | schlecken | kauen | probieren | verspeisen |

Hurra, ein Picknick. Wir _____ von allen Speisen ein bisschen.

„Nicht so laut _____!", ruft Mama.

Wir _____ alles bis auf den letzten Krümel.

Zum Schluss _____ wir noch leckeres Eis.

Den Zahnputz-Kaugummi müssen wir ganz schön lange _____.

Fragen zu einem Text

1 Lies den Text über Honigbienen.
Unterstreiche zu jeder Frage die passende Antwort.

Honigbienen

In jedem Bienenvolk gibt es eine Königin,
viele Arbeiterinnen und einige Drohnen.
Die Drohnen sind die männlichen Bienen.
Die Arbeiterinnen bauen kleine Kammern aus Wachs.
Diese Kammern nennt man Waben.
Außerdem sammeln die Arbeiterinnen Nektar und
Blütenstaub aus Blüten. Aus Nektar entsteht später
der Honig. Die Königin ist die größte Biene.
Sie legt viele Eier in die Waben. Aus den Eiern
schlüpfen Larven. Nach etwa drei Wochen
verwandeln sich die Larven in Bienen.

1. Wie heißen männliche Bienen?

2. Wie heißen die kleinen Kammern aus Wachs?

3. Woraus entsteht der Honig?

4. Welche ist die größte Biene?

5. Wie lange dauert es, bis aus der Larve eine Biene wird?

2 Ergänze die Antworten auf die Fragen.

1. Männliche Bienen heißen Drohnen.

2. Die Kammern

3. Honig entsteht

4. Die größte Biene

5. Es dauert

3 Lies den Text. Schreibe kurze Antworten zu den Fragen.

Die Dinosaurier lebten vor vielen Millionen Jahren.
Manche hatten Hörner, Panzer, messerscharfe Klauen
und große Zähne. Unter ihnen waren Pflanzenfresser,
die sich von Blättern, Zweigen und Gras ernährten,
und Fleischfresser, die andere Tiere fraßen. Die Dinosaurier
lebten auf dem Festland, nicht im Wasser oder in der Luft.
Vor etwa 65 Millionen Jahren starben sie plötzlich aus.
Bis heute kennt niemand den genauen Grund dafür.

Was fraßen die Pflanzenfresser?	

Mussten die Dinosaurier schwimmen können?	

Wann starben die Dinosaurier aus?	

4 Überlege dir weitere Fragen zum Text.
Unterstreiche, wo du die Antworten dazu findest.

Wann lebten

Texte vortragen

1 Lies den Märchenanfang. Mache nach jedem Satzende
einen Strich. Unterstreiche in jedem Satz zwei Wörter,
die du beim Vorlesen betonen willst.

Rotkäppchen

Es war einmal ein kleines, süßes <u>Mädchen</u>,

das jeder <u>lieb</u> hatte. Am allerliebsten aber

hatte es seine Großmutter. Einmal schenkte sie

ihm ein Käppchen aus rotem Samt.

Und weil es nichts anderes mehr tragen wollte,

hieß es von nun an Rotkäppchen.

Eines Tages sprach seine Mutter zu ihm:

„Komm, Rotkäppchen, da hast du ein Stück Kuchen

und eine Flasche Wein, bring das der Großmutter hinaus.

Sie ist krank. Sei artig und lauf nicht vom Weg ab.

Und wenn du in ihre Stube kommst,

so vergiss nicht guten Morgen

zu sagen, und guck nicht erst in allen Ecken herum."

„Ich will schon alles gut machen", sagte Rotkäppchen.

2 Übe, den Märchenanfang vorzutragen.

3 Markiere dir für den Vortrag der Verse die Pausen.
Unterstreiche die Wörter, die du betonen willst.

Rotkäppchen folgte der Mama, ging in den Wald hinein.
Da schlich der böse Wolf heran und sprach zum Kindelein:

„Sag Rotkäppchen, wo gehst du hin, ein Mädchen so allein?"
„Ich geh zu meiner Großmama und bring ihr Kuchen und Wein."

Der Wolf, er eilte ihr voraus und fraß die Großmama.
Er legte sich ins Bett hinein. Da war auch Rotkäppchen schon da.

4 Lerne die drei Verse auswendig und trage sie vor.

Texte verfassen

5 Ordne die passenden Antworten des Wolfs zu.

| Damit ich dich besser sehen kann. | Damit ich dich besser fressen kann. |
| Damit ich dich besser hören kann. | Damit ich dich besser packen kann. |

Ei, Großmutter, was hast du für große Ohren?

Damit ich dich

Ei, Großmutter, was hast du für große Augen?

Ei, Großmutter, was hast du für große Hände?

Aber, Großmutter, was hast du für ein entsetzlich großes Maul?

6 Übe das Gespräch zwischen Rotkäppchen und Wolf mit einem Partnerkind.

7 Wer spricht wie? Ordne die Stimmen zu.

ängstlich   streng   unheimlich   fröhlich   tief und freundlich

Mutter   streng

Rotkäppchen
im Wald

Wolf
im Wald

Rotkäppchen
in Großmutters Stube

Wolf
in Großmutters Stube

Einladungen schreiben

1 Zwei Sätze passen nicht zu einer Geburtstagseinladung.
Streiche sie durch.

> Liebe Anna!
>
> Ich lade dich zu meinem Ritterfest ein. Es gibt Drachenblut und Arme Ritter. Alle sollen sich passend verkleiden. Indianer tragen Federn auf dem Kopf. Das Fest findet bei mir zu Hause statt. Die Adresse ist: Auf der Breite 9. Im Wald stehen viele Bäume. Am 3. August um 14 Uhr geht es los. Um 18 Uhr kannst du abgeholt werden.
>
> Viele Grüße! Dein Linus

2 Schreibe die Einladung von oben richtig auf.

Liebe Anna!

3 Denke dir eine Feier aus. Ergänze die Einladung.

Einladung zu

Anrede

Liebe

Einladung wozu

Ich lade Dich

Ort

Die Adresse ist:

Datum, Beginn

Ende

Grüße

4 Was darf man bei einer Einladung nicht vergessen? Kreuze an.

☐ Anrede   ☐ Frisur   ☐ Schultasche

☐ Uhrzeit   ☐ Telefonbuch   ☐ Adresse

☐ Datum   ☐ Anlass   ☐ Gruß

Steckbriefe und Diagramme

1 Bei jedem abgebildeten Kind fehlt etwas aus dem Steckbrief.
Vergleiche genau. Ergänze auf den Bildern, was fehlt.

Name:	Tim	Name:	Paula
Haare:	braun und kurz	Haare:	schwarz und Zöpfe
Augen:	blau	Augen:	braun
Merkmal:	Brille	Merkmal:	lange Ohrringe
Lieblings-kleidung:	kurze Hosen	Lieblings-kleidung:	Blumenkleider
Eigenschaft:	oft schlecht gelaunt	Eigenschaft:	weiß alles besser
Hobby:	Fußball	Hobby:	Bücher

2 Ergänze den Steckbrief.

Name: Hakan

Haare:

Augen:

Merkmal:

Lieblings-kleidung:

Eigenschaft:

Hobby:

3 Male eine Person. Schreibe den passenden Steckbrief.

Name:

Haare:

Augen:

Merkmal:

Lieblings-
kleidung:

Eigenschaft:

Hobby:

4 Zeichne ein Diagramm. Ein Kind = ein Kästchen.

Jungen | Mädchen | Brillen | Ohrringe | Kleider/Röcke | kurze Haare | Zöpfe

Bastelanleitungen

1 Ordne die Bastelanleitung für Papierhände.

Die Hand mit Fingerfarbe bestreichen.

Die gespreizte Hand fest auf ein weißes Papier drücken.

Du brauchst: Pinsel, Fingerfarbe, Papier, Stift, Schere.

Den Namen auf die Hand schreiben.

Die Hand ausschneiden.

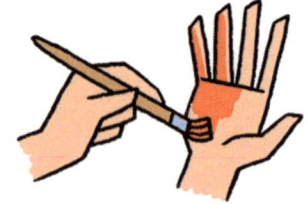

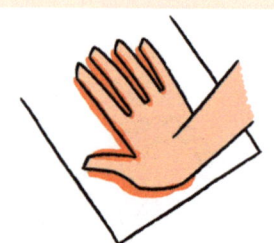

Du brauchst: Pinsel,

2 Nummeriere die Sätze der Bastelanleitung in der richtigen Reihenfolge.

☐ Schneide ein Stück Pappe aus –
ein wenig größer als die Rolle.

☐ Du brauchst: 1 leere
Toilettenpapierrolle, Pappe,
Buntpapier, Tesafilm, Schere

☐ Klebe die bunte Rolle auf die Pappe.
Nun kannst du Stifte hineinstellen.

3 Kreuze nur die Sätze an, die zum Schmetterlingsbild passen.

X Du brauchst: Papier, Wasserfarbe, Pinsel.

☐ Ein Streichholz in die Kastanie stecken.

☐ Blatt falten und wieder aufklappen.

☐ Farbkleckse in eine Blatthälfte malen.

☐ Einen Faden in die Nadel einfädeln.

☐ Blatt noch einmal falten und darüberstreichen.

☐ Beim Aufklappen erscheinen Schmetterlinge.

4 Schreibe die Bastelanleitung für ein Schmetterlingsbild.

Du brauchst: Papier,

Rezepte

1 Nummeriere die Rezeptschritte in der richtigen Reihenfolge.
Schreibe danach das Rezept auf.

| | Äpfel schälen, raspeln und sofort in die Soße geben. | | auch Möhren schälen, raspeln und zu der Apfelsoße geben. | | alles gut durchrühren. |

| 1 | Zutaten: 2 Möhren, 2 Äpfel, 1 Teelöffel Zitronensaft, 1 Esslöffel Öl, 1 Esslöffel Wasser, 1 Esslöffel Zucker. | | aus Zitronensaft, Wasser, Zucker und Öl eine Soße anrühren. |

Zutaten:

Zuerst

Danach

Anschließend

Zum Schluss

2 Leckerer Eistee!
Ergänze das Rezept.

Zutaten: 1 Liter Wasser, Saft von 4 Zitronen,
5 Esslöffel Zucker, 6 Beutel Früchtetee

Zuerst _____

_____

Danach _____

_____

Zum Schluss _____

_____

3 Oh lecker, Doppellutscher! Schreibe das Rezept auf.

Doppelkekse   Holzspieße   Gummibärchen   Glasur

Zuerst _____

_____

_____

_____

_____

_____

Gedichte schreiben

1 Wähle eine Jahreszeit für ein Wortgedicht.
Schreibe die Buchstaben der Jahreszeit untereinander in die Kästchen.

S O M M E R   W I N T E R

2 Schreibe in jede Zeile ein Wort, das mit dem Buchstaben
im Kästchen beginnt. Es soll zur Jahreszeit passen.

Sonnenschein	Obst	Eiskugeln	Mohnblumen
Eiszapfen	Marienkäfer	Rauch	Raupe
Weihnachten	Iglu	Nikolaus	Tannenbaum

3 Setze die Zeilen des Frühlingsgedichts an den passenden Stellen ein.

der Wiesengrund		und malt sich täglich bunter.

	die kleinen Maienglocken blühn	

Die Luft ist blau, das Tal ist grün,

die _____

und Schlüsselblumen drunter;

_____
_____

ist schon so bunt

_____
_____

Ludwig Hölty

4 Ergänze die Reime des Herbstgedichts.

Langsam fällt jetzt Blatt für Blatt

von den bunten Bäumen ab .

Jeder Weg ist dicht besät

und es raschelt, wenn man _____ .

Bunte Blätter falln vom Baum,

schweben sacht, man hört es _____ .

Plötzlich trägt ein Wind sie fort,

wirbelt sie von Ort zu _____ .

Wie sie flattern, wie sie fliegen,

sinken und am Boden _____ .

Erna Fritzke

Botschaften schreiben und entschlüsseln

1 Schreibe das ABC auf der äußeren Scheibe fertig.

2 Entziffere die Wörter und schreibe sie auf.

AVALURVWM   Totenkopf

ZJOHAGRHYAL

HBNLURSHWWL

OVSGILPU

NVSKZJOHAG

RSHIHBALYTHUU

3 Achte auf die Anfangsbuchstaben. Schreibe die Wörter.

Pirat

4 Wie heißt die Botschaft?

	P	I	R	A	T
P	A	B	C	D	E
I	F	G	H	I/J	K
R	L	M	N	O	P
A	Q	R	S	T	U
T	V	W	X	Y	Z

PP = A
PI = B
PR = C
PA = D
PT = E
und so weiter …

PA	PT	AI
D	E	R

AR	PR	IR	PP	AA	TT

IA	AR	AA

PP	AT	IP

PA	PT	RI

RI	PT	PT	AI	PT	AR	II	AI	AT	RR	PA.

1. Jo-Jo-Seite

1 Schreibe unter jedes Bild das passende Nomen.

Punkte 8

_____ _____ _____ _____

_____ _____ _____ _____

2 Ordne die Nomen aus Aufgabe 1 nach dem ABC.
Ordne zuerst Zeile 1, danach Zeile 2.

Punkte 8

_____

_____

3 Ergänze die bestimmten Artikel.

Punkte 9

_____ Brot   _____ Koffer   _____ Kind

_____ Bett   _____ Klasse   _____ Hund

_____ Name   _____ Garten   _____ Katze

4 Unterstreiche die Nomen in diesen Farben:
Menschen, Tiere, Pflanzen, Dinge.

Punkte 12

Auto • Katze • Mutter • Apfel • Hund • Mann
Kürbis • Fahrrad • Igel • Nuss • Bus • Kind

zu den Sprachbuchkapiteln 1–3:
Großschreibung von Nomen; ABC-Ordnung anwenden;
bestimmte Artikel zuordnen; Nomen nach Oberbegriffen ordnen

2. Jo-Jo-Seite

1 Setze die fehlenden Selbstlaute ein.

Punkte 8

H_f   K_nd   B_nk   H_ft

St_rn   T_sch   Br_t   H_md

2 Schreibe die Nomen mit dem bestimmten Artikel auf.

Punkte 8

3 Setze die Mitlaute am Wortanfang ein.
Schreibe die Nomen mit dem unbestimmten Artikel auf.

Punkte 5

_latt   _eller   _atze   _aus   _aus

4 Ergänze die Anfangsbuchstaben der Nomen.
Du erhältst Reimwort-Drillinge.

Punkte 6

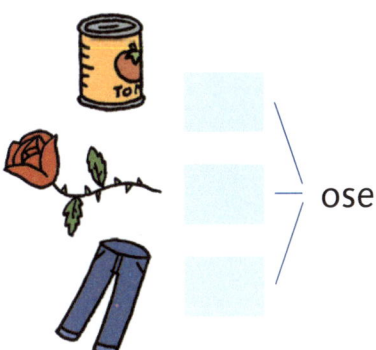 ose

   opf

zu den Sprachbuchkapiteln 1–3:
Selbstlaute und Mitlaute; Großschreibung
von Nomen; Reimwörter bilden

3. Jo-Jo-Seite

1 Ordne jedem Bild ein passendes Verb zu.

schreiben

spielen

schlafen

arbeiten

schlecken

lesen

2 Setze die Verben aus Aufgabe 1 in der richtigen Form ein.

Opa _____ im Garten.

Lisa _____ einen Brief.

Das Baby _____ ruhig im Wagen.

Sven _____ ein spannendes Buch.

Tom und Sabrina _____ Ball.

Ayshe _____ ein großes Eis.

3 Finde in jeder Zeile das Verb und unterstreiche es.

OPA	EIS	BALL	ESSEN	BRIEF
BABY	LESEN	GARTEN	BALL	
BUCH	EIS	WAGEN	SCHLAFEN	

zu den Sprachbuchkapiteln 1–3:
Grundformen zu Bildern ordnen; flektierte Formen bilden
und einsetzen; Verben und Nomen unterscheiden

4. Jo-Jo-Seite

1 Finde heraus, wo die Sätze enden.
Setze nach jedem Satzende einen Punkt.

heute Nacht hat es endlich geschneit die Kinder freuen sich auf die erste Schlittenfahrt sie wollen auch einen Schneemann bauen. er soll eine Mohrrübe als Nase bekommen

2 Schreibe den Text ab.
Überlege, worauf du achten musst.

3 Schreibe den Text ab. Lies die Sätze laut.
Setze nach jedem Satz das Satzschlusszeichen.

Du bist aber heute schlecht gelaunt

Holst du mich zum Fußballspielen ab

Ich bezahle das Eis von meinem Taschengeld

Lass mich in Ruhe

Kannst du mir mal helfen

Ich gehe gern zum Klavierunterricht

zu den Sprachbuchkapiteln 4–6:
Satzgrenzen erkennen; Großschreibung am Satzanfang;
Satzschlusszeichen setzen

5. Jo-Jo-Seite

1 Setze die Wörter richtig in den Text ein.

Punkte
5

Baumhaus • Astgabel • Waldrand • Holzleiter • Spielplatz

Achmet hat sich ein _____ gebaut.

Es ist hinter dem Dorf am _____ .

Das Baumhaus ist in eine dicke _____ gebaut.

Er erreicht es über eine _____ .

Bei Regen ist dort für ihn der gemütlichste _____ .

2 Zerlege die Nomen aus Aufgabe 1 in ihre Bestandteile:
das Baumhaus = der Baum, das ...

Punkte
5

3 Übermale in jedem Wort den Zwielaut:
au = grün, ei = rot, eu = gelb.

Punkte
16

Baum   Schwein   Feuer   Haus   zeigen

laut   Teufel   Pause   heiß   schreiben   kaufen

Freude   Maus   leise   Weihnachten   fein

zu den Sprachbuchkapiteln 4–6:
zusammengesetzte Nomen in Lückentext einsetzen;
zusammengesetzte Nomen trennen; Zwielaute erkennen

6. Jo-Jo-Seite

1 Schreibe zu jedem Nomen die Mehrzahl.

Punkte
8

das Buch

der Kopf

die Hand

das Haus

der Garten

die Puppe

das Schiff

das Spiel

2 Schwinge die Wörter. Setze Silbenbögen.

Punkte
8

Buch

Hände

Garten

Schiff

Köpfe

Haus

Spiel

Puppe

3 Immer zwei Nomen gehören zusammen.
Schreibe die zusammengesetzten Nomen mit dem Artikel auf.

Punkte
4

zu den Sprachbuchkapiteln 4–6:
Mehrzahlformen bilden; Silbenbögen setzen;
zusammengesetzte Wörter bilden

79

7. Jo-Jo-Seite

1 Setze **Sp/sp** oder **St/st** richtig ein.

Punkte
10 |

das ☐iel ☐ringen die ☐adt ☐ehen der ☐ein

☐ät der ☐ort ☐ecken ☐itz der ☐ern

2 Welche Wortbausteine passen zu **suchen**?
Schreibe die neuen Verben auf.

Punkte
6 |

be   an   über   aus   ein   ver   durch   ob   unter

suchen

3 Setze das Verb **suchen** mit den
passenden Wortbausteinen ein.

Punkte
5 |

Papa will sein Glück beim Lotto _____ .

Der Kommissar wird den Diebstahl _____ .

Am Sonntag werde ich meine Tante _____ .

Ich darf mir im Buchladen ein Buch _____ .

Jemand hat meinen Schreibtisch _____ .

zu den Sprachbuchkapiteln 7–9:
Wörter mit Sp/sp und St/st richtig schreiben;
Verben mit Vorsilben bilden und in Sätzen verwenden

8. Jo-Jo-Seite

1 Suche alle Wörter mit **ie**. Male **ie** an.

Heute ist ein warmer Frühlingstag.

Auf der großen Wiese im Park spielen viele Kinder.

Ein dicker Mann liegt im Liegestuhl und liest Zeitung.

Die alte Frau auf der Bank sieht den Kindern zu.

2 Lies den Text aus Aufgabe 1.
Beantworte die Fragen in kurzen Sätzen.

Wie ist der Tag?

Wie ist die Wiese?

Wie ist der Mann?

Wie ist die Frau?

3 Verbinde die Gegensatzpaare.

dünn   warm

jung

klein

groß

alt

kalt   dick

fröhlich

langsam   leer

weit   schnell

voll   nah

traurig

4 Schreibe die Gegensatzpaare aus Aufgabe 3 auf.

zu den Sprachbuchkapiteln 7–9:
Wörter mit ie finden; Fragen zum Text beantworten;
Gegensatzpaare verbinden und aufschreiben

9. Jo-Jo-Seite

1 Unterstreiche jede Wortfamilie mit einer anderen Farbe:
spielen, essen, laufen.

Punkte
20

Spielerin	laufend	essbar	Spielplatz	Esstisch
verlaufen	Würfelspiel	Laufband	Spielzeug	gegessen
Essecke	spielerisch	Esslöffel	Läufer	Mittagessen
Ballspiel	Essenszeit	auslaufen	vorspielen	Wettlauf

2 Schreibe die Wörter nach Wortfamilien geordnet auf.

Punkte
20

spielen:

essen:

laufen:

3 Übermale in jeder Reihe das Adjektiv.

Punkte
3

gehen   laufen   rennen   schleichen   schnell   wandern

Kind   Baby   Mädchen   klein   Junge   Knirps

Sonne   regnen   leise   Hagel   schneien   Wind

zu den Sprachbuchkapiteln 7–9:
Wortfamilien finden und geordnet aufschreiben;
Adjektive von Nomen und Verben unterscheiden

10. Jo-Jo-Seite

Punkte
6 |

1 Lies die Sätze in den Sprechblasen laut.
Setze nach jedem Satz das richtige Satzzeichen.

 Wer will zuerst erzählen

 Hört mal alle zu

 Ich war gestern im Zoo

 Hast du die Robben gesehen

 Ich habe ein Bild mitgebracht

 Zeig mal her

Punkte
6 |

2 Ordne die Sätze den richtigen Satzarten zu.

Aussagesätze:

Fragesätze:

Ausrufesätze:

zu den Sprachbuchkapiteln 10–12:
Satzarten unterscheiden; Satzschlusszeichen richtig setzen;
Sätze den passenden Satzarten zuordnen

11. Jo-Jo-Seite

1 Zeichne die Silbenbögen unter die Wörter.

Punkte
19|

Es   streicht   ein   warmer   Sommerwind

durch   Gräser,   Blüten,   Blätter.

Er   schiebt   die   Regenwolken   fort

und   bringt   uns   gutes   Wetter.

Wolfgang Spode

2 Setze die passenden doppelten Mitlaute ein.

Punkte
4|

nn   pp   ss   tt

Mu —
Bu —   er
We —

So —
Ta —   e
Ka —

Se —
Rü —   el
Schlü —

Su —
Tre —   e
Li —

3 Schreibe die Wörter aus Aufgabe 2.

Punkte
12|

zu den Sprachbuchkapiteln 10–12:
Wörter in Silben gliedern; doppelte Mitlaute einsetzen;
Wörter mit doppeltem Mitlaut schreiben

12. Jo-Jo-Seite

1 Lies den Text aufmerksam.
Kreuze bei jeder Frage die richtige Antwort an.

Punkte
3

Paul sitzt traurig auf dem Bett.

Er streichelt seine braune Katze Minka.

Vater trägt den großen, blauen Koffer zum Auto.

Pauls Schwester Lisa packt Brote in einen Korb.

„Nun schau nicht so traurig, Paul", tröstet ihn Mama.

„Minka ist doch gut versorgt." Und Lisa meint:

„Außerdem brauchen Katzen keinen Urlaub."

Alle steigen in das große, rote Auto und fahren los.

Nach einer Weile raschelt es im Kofferraum.

Vater bremst und alle drehen sich erstaunt um.

Da sehen sie Minka im Kofferraum herumklettern.

Paul freut sich: „Katzen brauchen doch Urlaub."

Wie heißt Pauls Katze?	Wer ist Lisa?	Wo taucht Minka am Ende der Geschichte auf?
Lisa	Pauls Mutter	im Garten
Minka	Pauls Schwester	im Esskorb
Hasso	Pauls Cousine	im Kofferraum

2 Lies genau im Text nach.
Male in den richtigen Farben an.

Punkte
3

zu den Sprachbuchkapiteln 10–12:
sinnerfassendes Lesen; Fragen zu einem Text beantworten;
Bilder nach Textinformationen ausmalen

Kontrollblätter zu den Jo-Jo-Seiten

1. Jo-Jo-Seite

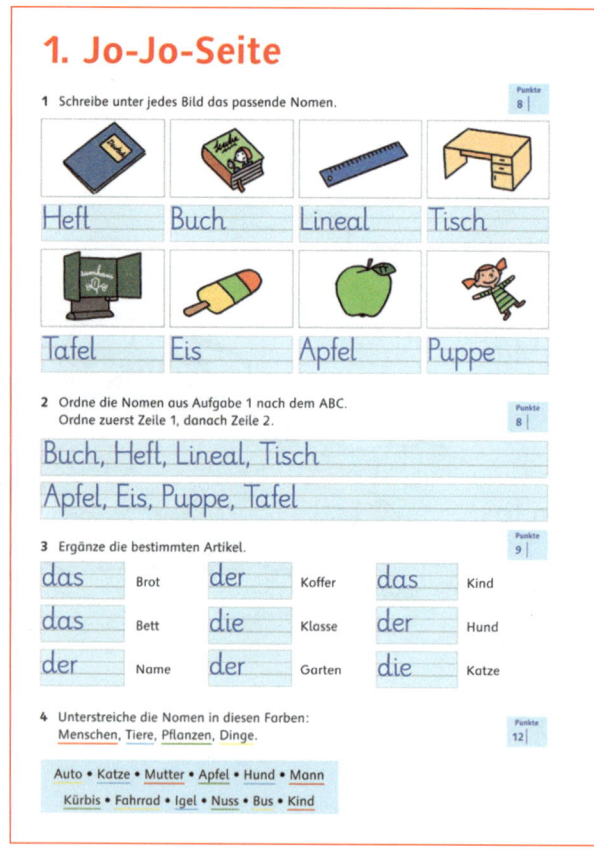

1 Schreibe unter jedes Bild das passende Nomen. | Punkte 8 |

Heft   Buch   Lineal   Tisch

Tafel   Eis   Apfel   Puppe

2 Ordne die Nomen aus Aufgabe 1 nach dem ABC.
Ordne zuerst Zeile 1, danach Zeile 2. | Punkte 8 |

Buch, Heft, Lineal, Tisch

Apfel, Eis, Puppe, Tafel

3 Ergänze die bestimmten Artikel. | Punkte 9 |

das Brot   der Koffer   das Kind

das Bett   die Klasse   der Hund

der Name   der Garten   die Katze

4 Unterstreiche die Nomen in diesen Farben:
Menschen, Tiere, Pflanzen, Dinge. | Punkte 12 |

Auto • Katze • Mutter • Apfel • Hund • Mann
Kürbis • Fahrrad • Igel • Nuss • Bus • Kind

2. Jo-Jo-Seite

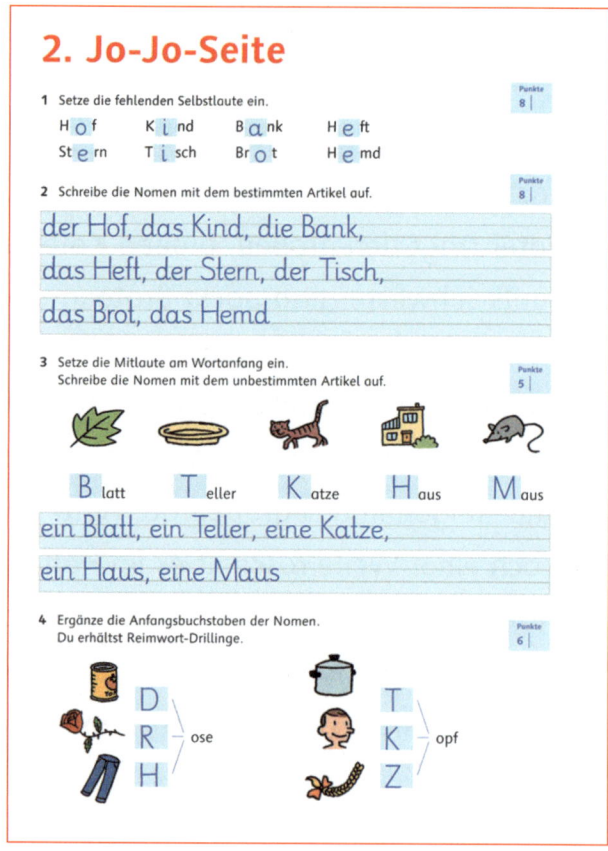

1 Setze die fehlenden Selbstlaute ein. | Punkte 8 |

Hof   Kind   Bank   Heft
Stern   Tisch   Brot   Hemd

2 Schreibe die Nomen mit dem bestimmten Artikel auf. | Punkte 8 |

der Hof, das Kind, die Bank,

das Heft, der Stern, der Tisch,

das Brot, das Hemd

3 Setze die Mitlaute am Wortanfang ein.
Schreibe die Nomen mit dem unbestimmten Artikel auf. | Punkte 5 |

Blatt   Teller   Katze   Haus   Maus

ein Blatt, ein Teller, eine Katze,

ein Haus, eine Maus

4 Ergänze die Anfangsbuchstaben der Nomen.
Du erhältst Reimwort-Drillinge. | Punkte 6 |

D
R } ose
H

T
K } opf
Z

3. Jo-Jo-Seite

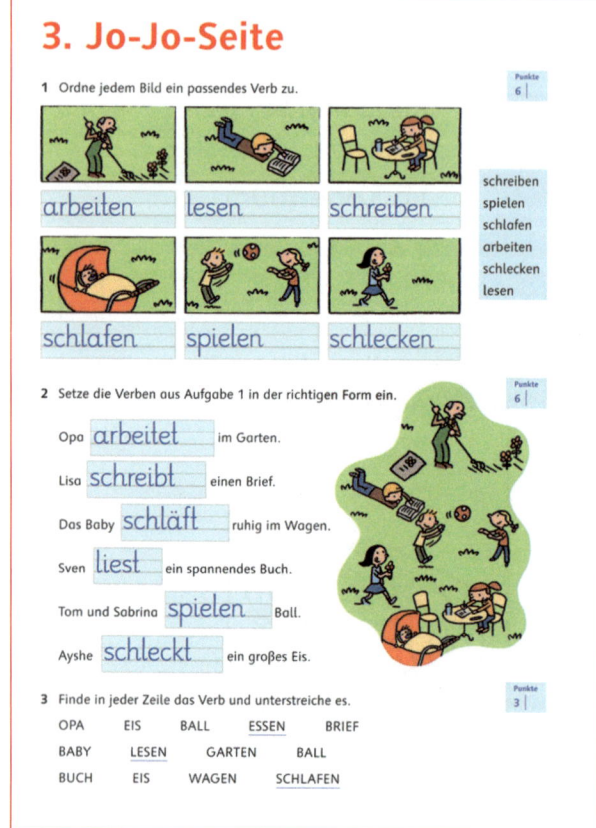

1 Ordne jedem Bild ein passendes Verb zu. | Punkte 6 |

arbeiten   lesen   schreiben

schlafen   spielen   schlecken

schreiben
spielen
schlafen
arbeiten
schlecken
lesen

2 Setze die Verben aus Aufgabe 1 in der richtigen Form ein. | Punkte 6 |

Opa **arbeitet** im Garten.

Lisa **schreibt** einen Brief.

Das Baby **schläft** ruhig im Wagen.

Sven **liest** ein spannendes Buch.

Tom und Sabrina **spielen** Ball.

Ayshe **schleckt** ein großes Eis.

3 Finde in jeder Zeile das Verb und unterstreiche es. | Punkte 3 |

OPA   EIS   BALL   ESSEN   BRIEF
BABY   LESEN   GARTEN   BALL
BUCH   EIS   WAGEN   SCHLAFEN

4. Jo-Jo-Seite

1 Finde heraus, wo die Sätze enden.
Setze nach jedem Satzende einen Punkt. | Punkte 4 |

heute Nacht hat es endlich geschneit. die Kinder freuen sich auf die erste Schlittenfahrt. sie wollen auch einen Schneemann bauen. er soll eine Mohrrübe als Nase bekommen.

2 Schreibe den Text ab.
Überlege, worauf du achten musst. | Punkte 8 |

Heute Nacht hat es endlich

geschneit. Die Kinder freuen sich

auf die erste Schlittenfahrt.

Sie wollen auch einen Schneemann

bauen. Er soll eine Mohrrübe als

Nase bekommen.

3 Schreibe den Text ab. Lies die Sätze laut.
Setze nach jedem Satz das Satzschlusszeichen. | Punkte 6 |

Du bist aber heute schlecht gelaunt !   ! !

Holst du mich zum Fußballspielen ab ?   . .

Ich bezahle das Eis von meinem Taschengeld .   ? ?

Lass mich in Ruhe !

Kannst du mir mal helfen ?

Ich gehe gern zum Klavierunterricht .

Kontrollblätter zu den Jo-Jo-Seiten

5. Jo-Jo-Seite

1 Setze die Wörter richtig in den Text ein. **Punkte 5**

Baumhaus • Astgabel • Waldrand • Holzleiter • Spielplatz

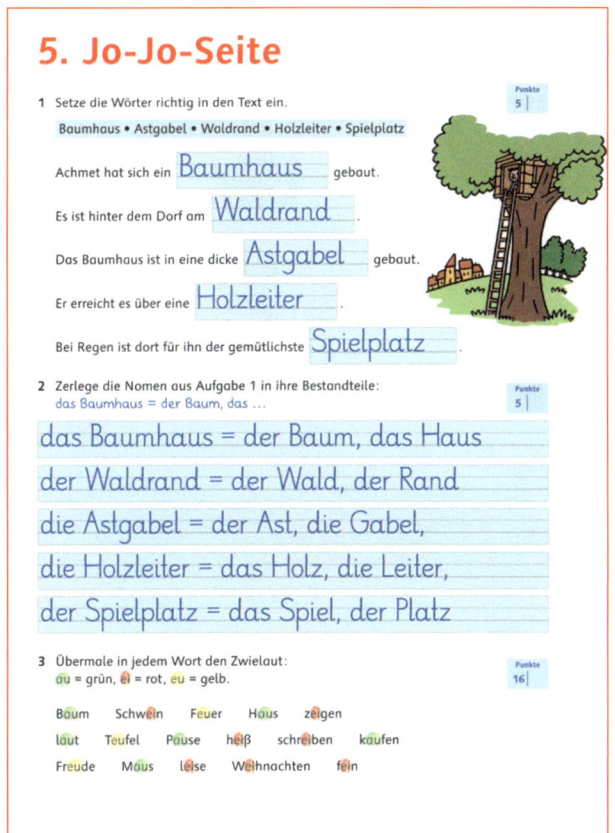

Achmet hat sich ein **Baumhaus** gebaut.

Es ist hinter dem Dorf am **Waldrand**.

Das Baumhaus ist in eine dicke **Astgabel** gebaut.

Er erreicht es über eine **Holzleiter**.

Bei Regen ist dort für ihn der gemütlichste **Spielplatz**.

2 Zerlege die Nomen aus Aufgabe 1 in ihre Bestandteile: **Punkte 5**
das Baumhaus = der Baum, das ...

das Baumhaus = der Baum, das Haus
der Waldrand = der Wald, der Rand
die Astgabel = der Ast, die Gabel,
die Holzleiter = das Holz, die Leiter,
der Spielplatz = das Spiel, der Platz

3 Übermale in jedem Wort den Zwielaut: **Punkte 16**
au = grün, ei = rot, eu = gelb.

Baum   Schwein   Feuer   Haus   zeigen
laut   Teufel   Pause   heiß   schreiben   kaufen
Freude Mäus   leise   Weihnachten   fein

6. Jo-Jo-Seite

1 Schreibe zu jedem Nomen die Mehrzahl. **Punkte 8**

das Buch   die Bücher   der Kopf   die Köpfe
die Hand   die Hände   das Haus   die Häuser
der Garten die Gärten   die Puppe   die Puppen
das Schiff die Schiffe   das Spiel   die Spiele

2 Schwinge die Wörter. Setze Silbenbögen. **Punkte 8**

Buch   Hände
Garten   Schiff
Köpfe   Haus
Spiel   Puppe

3 Immer zwei Nomen gehören zusammen. **Punkte 4**
Schreibe die zusammengesetzten Nomen mit dem Artikel auf.

Haus   Apfel   Schnee   Segel
Ball   Schiff Tür   Kuchen

die Haustür, der Apfelkuchen,
der Schneeball, das Segelschiff

7. Jo-Jo-Seite

1 Setze Sp/sp oder St/st richtig ein. **Punkte 10**

das **Sp**iel   **sp**ringen   die **St**adt   **st**ehen   der **St**ein
spät   der **Sp**ort   **st**ecken   **sp**itz   der **St**ern

2 Welche Wortbausteine passen zu **suchen**? **Punkte 6**
Schreibe die neuen Verben auf.

be   an   über   aus   ein   ver   durch   ob   unter

suchen

besuchen, aussuchen, versuchen,
durchsuchen, untersuchen

3 Setze das Verb **suchen** mit den **Punkte 5**
passenden Wortbausteinen ein.

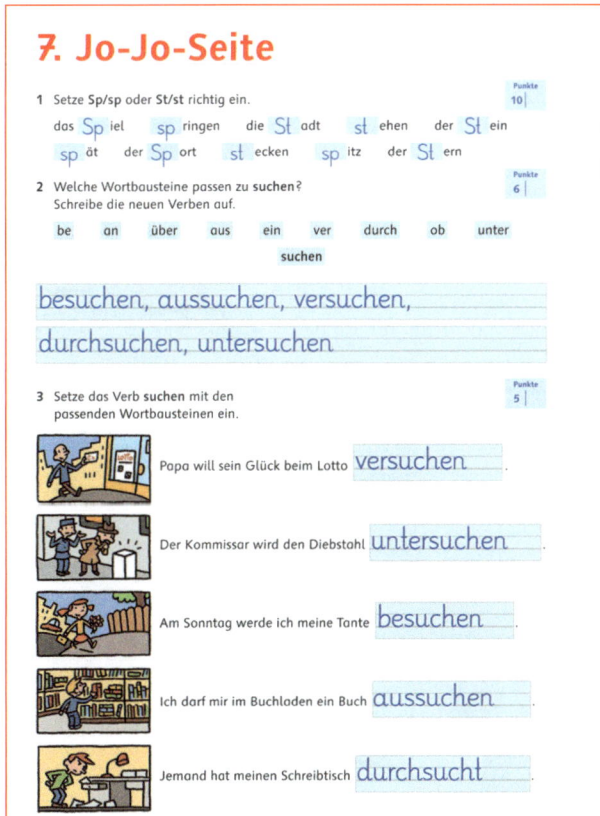

Papa will sein Glück beim Lotto **versuchen**.

Der Kommissar wird den Diebstahl **untersuchen**.

Am Sonntag werde ich meine Tante **besuchen**.

Ich darf mir im Buchladen ein Buch **aussuchen**.

Jemand hat meinen Schreibtisch **durchsucht**.

8. Jo-Jo-Seite

1 Suche alle Wörter mit **ie**. Male ie an. **Punkte 8**

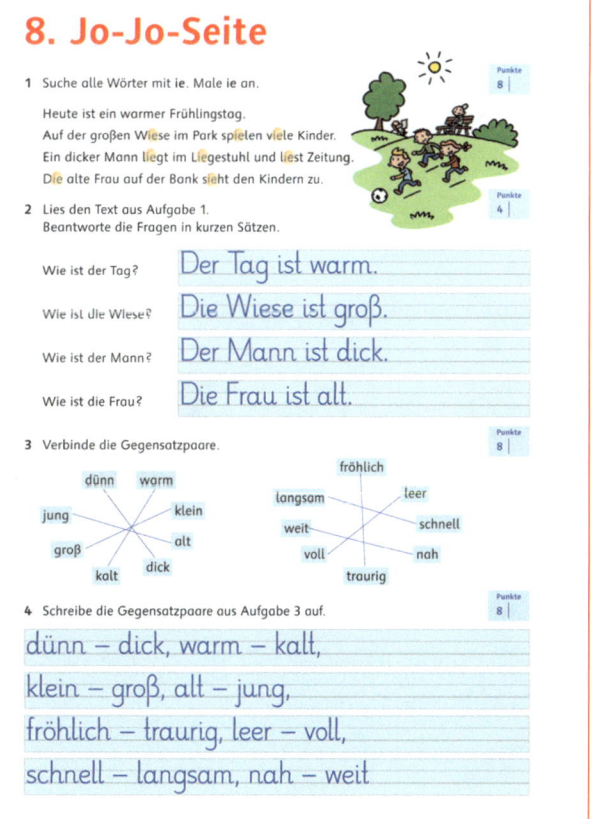

Heute ist ein warmer Frühlingstag.
Auf der großen Wiese im Park spielen viele Kinder.
Ein dicker Mann liegt im Liegestuhl und liest Zeitung.
Die alte Frau auf der Bank sieht den Kindern zu.

2 Lies den Text aus Aufgabe 1. **Punkte 4**
Beantworte die Fragen in kurzen Sätzen.

Wie ist der Tag?   Der Tag ist warm.
Wie ist die Wiese? Die Wiese ist groß.
Wie ist der Mann?   Der Mann ist dick.
Wie ist die Frau?   Die Frau ist alt.

3 Verbinde die Gegensatzpaare. **Punkte 8**

dünn   warm   fröhlich
jung   klein   langsam   leer
groß   alt   weit   schnell
   kalt   dick   voll   nah
                              traurig

4 Schreibe die Gegensatzpaare aus Aufgabe 3 auf. **Punkte 8**

dünn – dick, warm – kalt,
klein – groß, alt – jung,
fröhlich – traurig, leer – voll,
schnell – langsam, nah – weit

Kontrollblätter zu den Jo-Jo-Seiten

9. Jo-Jo-Seite

1 Unterstreiche jede Wortfamilie mit einer anderen Farbe:
spielen, essen, laufen.

Punkte 20

Spielerin	laufend	essbar	Spielplatz	Esstisch
verlaufen	Würfelspiel	Laufband	Spielzeug	gegessen
Essecke	spielerisch	Esslöffel	Läufer	Mittagessen
Ballspiel	Essenszeit	auslaufen	vorspielen	Wettlauf

2 Schreibe die Wörter nach Wortfamilien geordnet auf.

Punkte 20

spielen: Spielerin, Spielplatz, Würfelspiel, Spielzeug, spielerisch, Ballspiel, vorspielen

essen: essbar, Esstisch, gegessen, Essecke, Esslöffel, Mittagessen, Essenszeit

laufen: laufend, verlaufen, Laufband, Läufer, auslaufen, Wettlaufen

3 Übermale in jeder Reihe das Adjektiv.

Punkte 3

gehen laufen rennen schleichen **schnell** wandern
Kind Baby Mädchen **klein** Junge Knirps
Sonne regnen **leise** Hagel schneien Wind

10. Jo-Jo-Seite

1 Lies die Sätze in den Sprechblasen laut.
Setze nach jedem Satz das richtige Satzzeichen.

Punkte 6

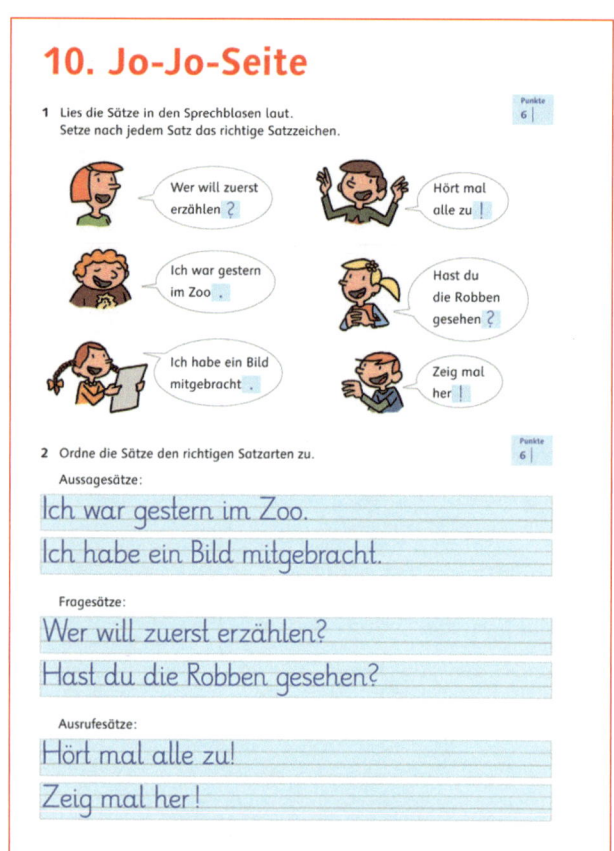

Wer will zuerst erzählen?
Hört mal alle zu!
Ich war gestern im Zoo.
Hast du die Robben gesehen?
Ich habe ein Bild mitgebracht.
Zeig mal her!

2 Ordne die Sätze den richtigen Satzarten zu.

Punkte 6

Aussagesätze:
Ich war gestern im Zoo.
Ich habe ein Bild mitgebracht.

Fragesätze:
Wer will zuerst erzählen?
Hast du die Robben gesehen?

Ausrufesätze:
Hört mal alle zu!
Zeig mal her!

11. Jo-Jo-Seite

1 Zeichne die Silbenbögen unter die Wörter.

Punkte 19

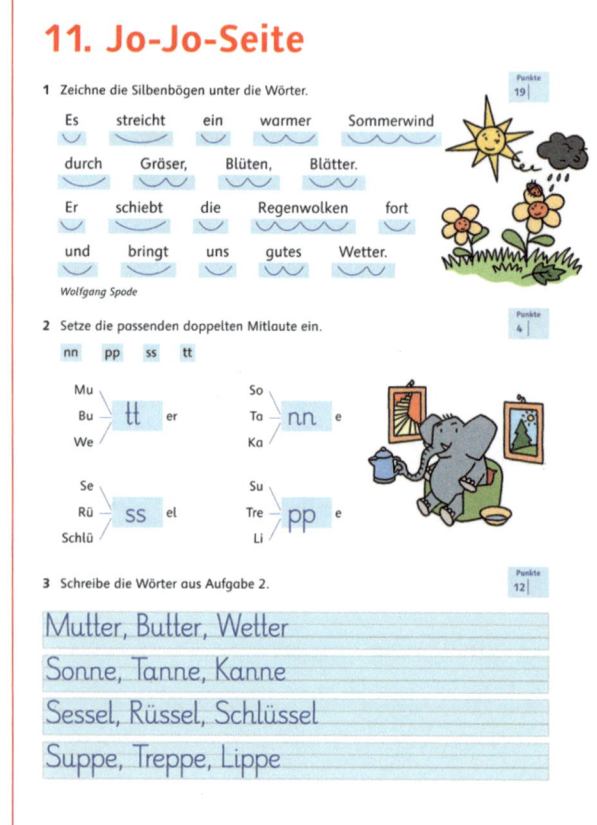

Es streicht ein warmer Sommerwind
durch Gräser, Blüten, Blätter.
Er schiebt die Regenwolken fort
und bringt uns gutes Wetter.

Wolfgang Spode

2 Setze die passenden doppelten Mitlaute ein.

Punkte 4

nn pp ss tt

Mu
Bu **tt** er
We

So
Ta **nn** e
Ka

Se
Rü **ss** el
Schlü

Su
Tre **pp** e
Li

3 Schreibe die Wörter aus Aufgabe 2.

Punkte 12

Mutter, Butter, Wetter
Sonne, Tanne, Kanne
Sessel, Rüssel, Schlüssel
Suppe, Treppe, Lippe

12. Jo-Jo-Seite

1 Lies den Text aufmerksam.
Kreuze bei jeder Frage die richtige Antwort an.

Punkte 3

Paul sitzt traurig auf dem Bett.
Er streichelt seine braune Katze Minka.
Vater trägt den großen, blauen Koffer zum Auto.
Pauls Schwester Lisa packt Brote in einen Korb.
„Nun schau nicht so traurig, Paul", tröstet ihn Mama.
„Minka ist doch gut versorgt." Und Lisa meint:
„Außerdem brauchen Katzen keinen Urlaub."
Alle steigen in das große, rote Auto und fahren los.
Nach einer Weile raschelt es im Kofferraum.
Vater bremst und alle drehen sich erstaunt um.
Da sehen sie Minka im Kofferraum herumklettern.
Paul freut sich: „Katzen brauchen doch Urlaub."

Wie heißt Pauls Katze?
Lisa ☐
Minka ☒
Hasso ☐

Wer ist Lisa?
Pauls Mutter ☐
Pauls Schwester ☒
Pauls Cousine ☐

Wo taucht Minka am Ende der Geschichte auf?
im Garten ☐
im Esskorb ☐
im Kofferraum ☒

2 Lies genau im Text nach.
Male in den richtigen Farben an.

Punkte 3